Sigue a dólar

Dona Herweck Rice

Asesoras de contenido

Jennifer M. Lopez, M.S.Ed., NBCT
Coordinadora superior, Historia/Estudios sociales
Escuelas Públicas de Norfolk

Tina Ristau, M.A., SLMS
Maestra bibliotecaria
Distrito Escolar de la Comunidad de Waterloo

Asesoras de iCivics

Emma Humphries, Ph.D.
Directora general de educación

Taylor Davis, M.T.
Directora de currículo y contenido

Natacha Scott, MAT
Directora de relaciones con los educadores

Créditos de publicación

Rachelle Cracchiolo, M.S.Ed., *Editora*
Emily R. Smith, M.A.Ed., *Vicepresidenta de desarrollo de contenido*
Véronique Bos, *Directora creativa*
Dona Herweck Rice, *Gerenta general de contenido*
Caroline Gasca, M.S.Ed., *Gerenta general de contenido*
Fabiola Sepulveda, *Diseñadora gráfica de la serie*

Créditos de imágenes: págs.11, 17 National Numismatic Collection, National Museum of American History; todas las demás imágenes cortesía de iStock y/o Shutterstock.

Library of Congress Cataloging-in-Publication Data

Names: Rice, Dona, author. | iCivics (Organization), issuing body.
Title: Sigue a ese dólar / Dona Herweck Rice.
Other titles: Follow that dollar. Spanish
Description: Huntington Beach, CA : Teacher Created Materials, [2022] | "iCivics"--Cover. | Audience: Grades 2-3 | Summary: "Every dollar has a story to tell. It travels from person to person or place to place. It is used to buy, pay, save, or share as it travels. It does this again and again and again. Where is it going next?"-- Provided by publisher.
Identifiers: LCCN 2021039562 (print) | LCCN 2021039563 (ebook) | ISBN 9781087622712 (paperback) | ISBN 9781087624037 (epub)
Subjects: LCSH: Money--United States--Juvenile literature. | Dollar, American--Juvenile literature.
Classification: LCC HG221.5 .R52818 2022 (print) | LCC HG221.5 (ebook) | DDC 332.4/973--dc23

TCM | Teacher Created Materials

5482 Argosy Avenue
Huntington Beach, CA 92649-1039
www.tcmpub.com

ISBN 978-1-0876-2271-2

Contenido

El dólar

Un billete de 1 **dólar** puede parecer un simple pedazo de papel. Sin embargo, representa algo mucho mayor.

Los dólares son importantes. Son la base de la **economía** estadounidense. La economía incluye todos los dólares que las personas ganan, pagan, ahorran y gastan.

Cada persona que vive en el país es parte de la economía. Las personas que vienen a visitar el país, también.

Puede ser divertido pensar en el camino que recorre un dólar. Cada billete tiene una historia que contar. Seguir ese camino puede ayudarnos a aprender más sobre la economía.

Salta a la ficción

El árbol del dinero

"El dinero no crece en los árboles", me dijo mi mamá cuando le pedí un dólar para comprar un chocolate. Pero después le pregunté si podía comprarlo con un dólar que yo había ganado. Y dijo que sí. Le pagué con mi dólar al empleado de la tienda.

Justo en ese momento recordé que mi maestra cumplía años el día siguiente. Decidí regalarle el chocolate. Ella sonrió y dijo: "¡Me alegraste el día!". ¡Estoy seguro de que fue así!

Una semana después, ¡mi maestra trajo pastelillos para toda la clase! Usó sus dólares para comprarlos. Dijo que mi regalo la había inspirado, y que quiso sorprendernos con algo sabroso. Los pastelillos estaban deliciosos. Eran de fresa, mis favoritos.

Mamá tiene razón cuando dice que el dinero no crece en los árboles. ¡Pero creo que el dólar que gasté hizo crecer pastelillos!

Vuelve al texto de no ficción

Un dólar nuevo

Imagina esto. Tu tío te da un billete de 1 dólar, nuevo y reluciente. El billete salió de la **casa de la moneda** y fue directamente al banco, donde lo recibió tu tío. Le das las gracias a tu tío y te guardas el billete en el bolsillo.

Comienzas a pensar en todas las cosas en las que puedes gastarlo. Tu tío te recuerda que los dólares no son solo para gastar, sino que también se pueden ahorrar o compartir. ¡Tú decides que sí quieres gastarlo!

El primer dólar

El primer dólar estadounidense se imprimió en 1862. Abraham Lincoln era el presidente en ese momento.

el primer dólar estadounidense

Tú y tu tío van a la tienda de descuentos. Sabes que allí podrás comprar muchas cosas con un dólar. Solo debes decidir cuál es la que tiene el mejor **valor**.

Ves un yoyo que te gusta. Parece un buen trato. Podrías obtener muchas horas de diversión por solo un dólar.

Le das el dólar al **cajero**. ¡El precio del yoyo más **impuestos** es exactamente un dólar! El cajero guarda el billete en la **caja registradora** y tú te vas a jugar con tu juguete nuevo.

¿Por qué crees que han ordenado el dinero así en esta caja registradora?

El dólar viaja

Cada dólar que se imprime hace un viaje. Pasa de una persona a otra (o de una empresa a otra). La historia sobre tú y tu tío podría ser verdadera. Los dólares viajan exactamente de ese modo.

Sigamos a ese mismo dólar. Imagina que hay un hombre detrás de ti en la fila de la caja registradora. El hombre recibe un dólar de vuelto por su compra. Ese era tu dólar.

En la calle, el hombre se detiene en un puesto de periódicos para comprar goma de mascar. Y paga con su nuevo billete de 1 dólar.

El bebé de la familia

En la economía de Estados Unidos, no hay un billete menor que el de 1 dólar. Equivale a 100 centavos.

El dueño del puesto de periódicos decide que es hora de descansar y tomar un café. Saca el dólar de su caja registradora. Luego, cierra su puesto y camina hasta la cafetería.

En la cafetería, el dueño del puesto de periódicos paga el café con una **aplicación** de su teléfono. Hay muchas cosas que puede pagar así. Pero también usa su dólar. Lo deja en el frasco de **propinas** para la **barista**.

¡Ahí estás, George!

La cara de George Washington no siempre estuvo en el billete de 1 dólar. Apareció por primera vez en 1869.

Después del trabajo, la barista toma sus propinas. Luego, camina hasta su casa. Su hijo y la niñera la saludan. La barista le paga a la niñera. Usa los dólares que sacó del frasco de propinas. Uno de esos billetes es el dólar que usaste en la tienda de descuentos.

¡Prohibido copiar!

Los dólares son difíciles de copiar. Tienen tintas, diseños y materiales especiales para que sea muy difícil fabricar dinero falso que parezca real.

Hasta ahora, el dólar ha hecho siete paradas en su viaje desde la casa de la moneda hasta la niñera. Cada vez que viaja, las personas lo usan de una manera diferente. Pero el billete siempre tiene el mismo valor. Eso nunca cambia.

De regreso a casa

Un billete de 1 dólar es casi como una ficha de un juego de mesa. Hay muchos movimientos que se pueden hacer en la siguiente jugada. En esta versión, la niñera vuelve a su casa con sus dólares. Resulta que esa también es tu casa. ¡La niñera es tu hermana mayor!

Tu hermana cuenta sus dólares y los pone en una caja que guarda debajo de la cama. Planea hacer un depósito en el banco al día siguiente.

Monedas de 1 dólar

En la actualidad, hay cinco tipos de monedas de 1 dólar. Cada una vale lo mismo que un billete de 1 dólar.

Tu hermana también quiere donar parte de su dinero. El banco de alimentos de la ciudad les da comida a quienes la necesitan. Y ella quiere ayudarlos. Como parte de la comunidad, es bueno ayudar a las personas que lo necesitan.

Tu hermana deposita algunos dólares en su cuenta de ahorros del banco. Dona el resto al banco de alimentos. El dólar que gastaste en la tienda ahora le pertenece al banco de alimentos. Servirá para comprar comida y otras provisiones.

Un dólar fuerte

Los dólares son más útiles cuando están en movimiento, como el de este libro. Las personas que ganan y gastan dinero ayudan a que la economía sea fuerte. Si simplemente guardaran los dólares debajo de la cama, la economía dejaría de moverse. Los dólares que pasan de mano en mano ayudan a que todo funcione. Por supuesto, ahorrar también es bueno.

La próxima vez que tengas un dólar, piensa en el viaje que hizo. ¿Dónde estuvo? ¿A dónde irá? Si ese dólar pudiera hablar, ¿qué historias tendría para contar?

Piensa y habla

¿Cómo ayuda a la
economía que los dólares
estén en movimiento?

Glosario

aplicación: un programa de computadora

barista: alguien que prepara y vende café

caja registradora: una máquina que se usa en las tiendas para sumar los gastos de los clientes, dar cambio y guardar el dinero

cajero: alguien cuyo trabajo consiste en recibir y entregar dinero

casa de la moneda: un lugar donde se fabrica dinero

dólar: la unidad de moneda básica de Estados Unidos

economía: el sistema de un país o de un lugar en el que se compran y venden bienes y servicios

impuestos: el dinero que recauda el gobierno para poder funcionar y para pagar cosas que usan las personas

propinas: dinero adicional que se le paga a un trabajador por sus servicios

valor: la importancia o utilidad que tiene algo

Índice

Civismo en acción

El ahorro es una manera de ayudar a mantener fuerte nuestra economía. Puedes ahorrar para comprar cosas que cuestan más de lo que tienes ahora. ¡Es muy útil saber cómo y cuándo ahorrar!

1. Piensa en algo que te gustaría comprar.

2. Haz un plan para comprar ese objeto. ¿Cómo puedes ahorrar? ¿Cómo ganarás el dinero? ¿Cuánto tiempo te llevará?

3. Piensa si el objeto vale el tiempo y el dinero que necesitarás para comprarlo.

4. Si puedes, sigue adelante con tu plan. Ahorra hasta que puedas comprar el objeto. ¡O ahorra hasta que decidas que ya no lo quieres!